Bilderbuch

Kinder begegnen Natur und Technik
im Kindergarten

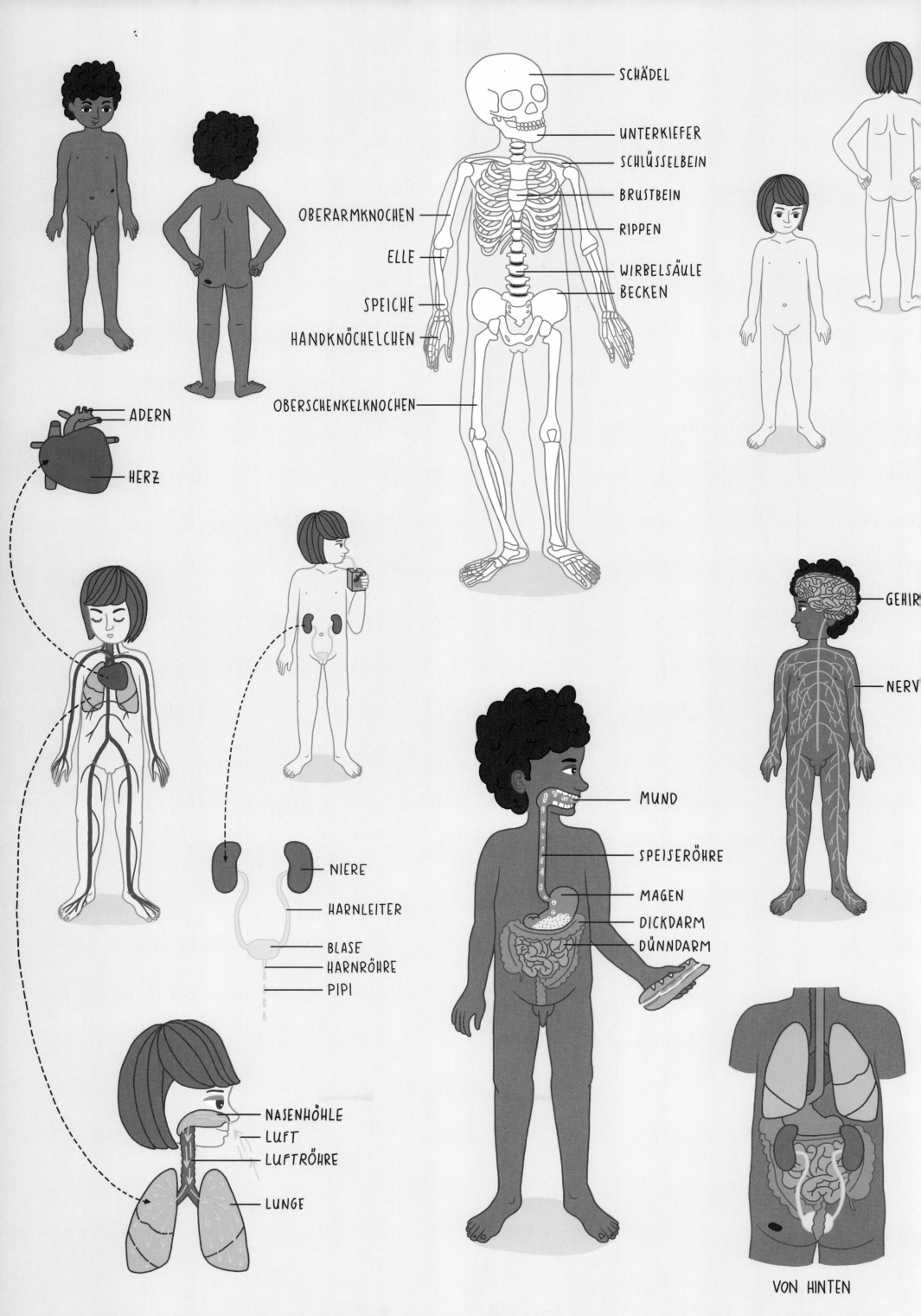

SCHÄDEL

UNTERKIEFER

SCHLÜSSELBEIN

BRUSTBEIN

OBERARMKNOCHEN

RIPPEN

ELLE

WIRBELSÄULE

BECKEN

SPEICHE

HANDKNÖCHELCHEN

OBERSCHENKELKNOCHEN

ADERN

HERZ

GEHIR

NERV

NIERE

HARNLEITER

BLASE

HARNRÖHRE

PIPI

MUND

SPEISERÖHRE

MAGEN

DICKDARM

DÜNNDARM

NASENHÖHLE

LUFT

LUFTRÖHRE

LUNGE

VON HINTEN

Suchspiel

Auf den zwölf Wimmelbildern tauchen bestimmte Dinge und Personen immer wieder auf. Findest du sie?

Emma und Ilai

Windrad

Brot und Getreide

Löwenzahn

Bagger

Velo

Apfel und Apfelbaum

Weitere Anregungen

Die Wimmelbilder zeigen ein Stück Alltagswelt von Kindern: das Zuhause, den Kindergarten, die Stadt und das Land. Auf dem Bauernhof, auf der Wiese oder am Teich sind zahlreiche Tiere und Pflanzen zu entdecken, die viele Kinder sicher schon in der Natur gesehen haben. Kleine technische Geräte finden sich im Haushalt, grosse Baumaschinen am Hafen oder auf der Baustelle. So lassen sich beim Betrachten der Wimmelbilder unterschiedliche Phänomene aus den Bereichen Natur und Technik erkunden:

Bild 1: Zuhause
> Welche Geräte entdeckst du in den verschiedenen Räumen? Was macht man damit?
> Welche Verschlüsse findest du an der Kleidung und an anderen Gegenständen?

Bild 2: Beim Kindergarten
> Hast du die abgebildeten Blumen und Sträucher schon einmal gesehen? Welche gefallen dir?
> Welche Vögel und Krabbeltiere hast du auch schon draussen in der Natur entdeckt?

Bild 3: Am Stadtrand (Frühling)
> Wie sieht die Natur in dieser Jahreszeit aus?
> Was machen Menschen und Tiere an einem sonnigen Tag im Frühling?

Bild 4: In der Stadt
> Mit welchen der hier abgebildeten Fahrzeuge warst du bereits unterwegs?
> Welche Verkehrsschilder hast du schon auf der Strasse gesehen?

Bild 5: Am Stadtrand (Sommer)
> Was macht einen Sommertag aus?
> Was gibt es an einem sommerlichen Tag auf der Wiese und am Teich zu entdecken? Was ist anders als im Frühling?

Bild 6: Auf dem Bauernhof
> Welche Bauernhoftiere siehst du? Welche Geräusche machen sie?
> Welche Früchte und welches Gemüse erkennst du auf dem Bild wieder? Was isst du am liebsten?

Bild 7: In der Badi
> Was machen die Kinder, die Jugendlichen und die Erwachsenen? Was möchtest du können, wenn du gross bist?
> Wie kann man sich vor der Sonne schützen?

Bild 8: Im Kindergarten
> Wo kannst du auf dem Bild Wasser entdecken?
> Luft ist nicht nichts – wo wird Luft sichtbar?

Bild 9: Am Stadtrand (Herbst)
> Was ist vom Frühling bis zum Herbst auf der Baustelle passiert?
> Wie haben sich die Pflanzen in dieser Zeit verändert?

Bild 10: Am Hafen
> Was könnte auf dem grossen Schiff geladen sein? Und woher kommt das Schiff?
> Was machen die Bauarbeiter? Welche Maschinen und Werkzeuge gebrauchen sie?

Bild 11: Am Stadtrand (Winter)
> Was machst du am liebsten, wenn Schnee liegt?
> Wie erleben die Tiere den Winter?

Bild 12: Mein Körper
> Welche Körperteile und Organe sind abgebildet? Kannst du sie benennen?
> Welchen Weg legt die Nahrung im Körper zurück?
> Wie heissen die fünf Sinne? Mit welchen Sinnen können wir die abgebildeten Gegenstände und Reize erfassen?

Viele weitere Phänomene aus Natur und Technik lassen sich auf den Bildern entdecken:

Wetter: Welche Wettersituationen werden gezeigt? Welches Wetter magst du? Welche Kleidung passt zu Hitze, Kälte, Sonne oder Regen? Was spielst du bei welchem Wetter?

Tiere: Wie leben Tiere auf dem Bauernhof? Wie ist ihr Stall eingerichtet? Welche Tiere lassen sich auf der Wiese und am Teich entdecken? Wo halten sich die einzelnen Tiere gern auf?

Pflanzen: Was passiert im Lauf eines Jahres auf dem Getreidefeld? Was brauchen Pflanzen zum Wachsen?

Nahrung: Wo werden Nahrungsmittel produziert? Wie werden sie transportiert und welchen Weg legen sie zurück? Was isst du gern?

Fahrzeuge: Wie werden die Fahrzeuge angetrieben? (mit Motor, mit Muskelkraft) Wozu werden sie gebraucht? (Spielzeug, Personenfahrzeug, Nutzfahrzeug, Landwirtschaftsmaschine)

Rollen und Gleiten: Wo ist etwas in Bewegung? Wo rollen oder gleiten Dinge? Wo findest du Gegenstände mit Rädern?

Baustelle: Welche Maschinen und Geräte sind auf der Baustelle und am Hafen zu sehen? Wozu dienen sie?

Spielen und Bewegen: Welche Spielsachen und Sportgeräte erkennst du auf den Bildern? Was kannst du damit machen?

Inhaltliche Projektleitung
Judith Egloff, Projektleiterin (PH Zürich)
Franziska Detken, Co-Projektleiterin (PH Zürich)

Autorinnen
Corin Bieri
Angela Bonetti
Gabriele Brand
Christina Colberg
Franziska Detken
Judith Egloff
Simone Nussberger

Projektleitung LMVZ
Daniela Rauthe
Nicholas Ditzler
Natalie Peyer

Illustrationen
Evelyn Trutmann, Illustration

Gestaltung
Simone Torelli, Visuelle Gestaltung

Logo
developdesign, Gestaltung und Kommunikation

© 2018 Lehrmittelverlag Zürich
3. unveränderte Auflage 2019 (2. Auflage 2018)
In Deutschland gedruckt auf FSC-Papier
ISBN 978-3-03713-757-4

www.lmvz.ch

FAIR KOPIEREN!
URHEBERRECHT
ACHTEN.
www.fair-kopieren.ch

ilz   Koordination mit der
Interkantonalen Lehrmittelzentrale